CE CAHIER APPARTIENT À :

Romain

Merci de le lui rapporter!

Catalogage avant publication de Bibliothèque et Archives
nationales du Québec et Bibliothèque et Archives Canada

Lévesque, Manon, 1966-
        Carnet à noircir
        L'ouvrage complet comprendra 3 v.
        ISBN 978-2-923503-27-1 (v. 1)
        1. Dessin - Technique. I. Titre.
NC730.L48 2011   741.2   C2011-941401-5

Dépôts légaux
Bibliothèque nationale du Québec
Bibliothèque nationale du Canada

DIFFUSION EN AMÉRIQUE :
Distribution du livre Mirabel (DLM)
5757, rue Cypihot
Saint-Laurent (Québec)
Canada
H4S 1R3

514-334-2690 ou 1-800-263-3678

DISTRIBUTION EN FRANCE :
Distribution du nouveau monde (DNM)
30, rue Gay-Lussac
75005 Paris
France

+33 1 43 54 49 02

Gouvernement du Québec — Programme de crédit d'impôt
pour l'édition de livres — Gestion SODEC

Révision : Elaine Gusella
Mise en pages : Manon Léveillé et Évelyne Deshaies

Imprimé au Canada

© Isabelle Quentin éditeur (Sgräff), 2011
http://sgraff.com
ISBN : 978-2-923503-27-1

                                        1 2 3 4 5 13 12 11

Manon Lévesque

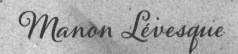

CARNET À NOIRCIR

♦♦♦

Des idées de dessins

Sgräff

Ceci n'est pas un cours de dessin! C'est une aventure!

Ce carnet à noircir vous donne l'occasion de réaliser le souhait, tant de fois exprimé, de prendre le crayon. C'est un carnet différent qui vous suggère plus d'une centaine d'idées de dessins. Finie l'angoisse de la page blanche, puisqu'un sujet différent vous est proposé à chaque page. Alors, suivez le guide!

Voici votre tout nouveau carnet de dessin. Il ne vous reste plus qu'à en noircir les pages, sans autre but que celui de satisfaire votre amour du dessin. Ayez-le toujours avec vous, laissez-vous guider et noircissez-le page après page.

Dessiner exige d'abord beaucoup d'assiduité. Par la suite, il vous faudra développer la capacité de porter, jour après jour, un regard neuf sur le monde. Aiguisez votre patience tout en vous amusant!

Dans ce carnet, les dessins ne sont pas présentés par ordre croissant de difficulté. Si un sujet ne vous dit rien, choisissez-en un autre qui vous plaît. Vous avez la liberté d'explorer les sujets et de réaliser les dessins selon votre humeur.

Table des matières

Les différents exercices de dessin

Ce carnet vous propose plusieurs types d'exercices :

◆ contrôle

◆ mémoire

◆ invention

◆ reproduction

◆ observation

Les trois premières catégories ne nécessitent aucun objet physique à dessiner. Vous n'aurez besoin que d'un peu de votre temps.

Le dessin de contrôle

À l'aide d'exemples, d'explications et de lignes guide, ce dessin s'effectue de façon quasi automatique. Par exemple : reproduire un dégradé au feutre. Vous trouverez ce type d'exercice tout au long du carnet. Il est simple et très utile pour « se faire le crayon ». Il ne demande pas de recherche et peut être exécuté partout.

Le dessin de mémoire

Comme son nom l'indique, ce dessin fait appel à votre mémoire. Quelques exemples : un paysage, une aubergine, le plan de votre maison d'enfance. Ils sont parfois suggérés sur une page de gauche et accompagnés, sur la page de droite, d'un exercice d'observation de l'objet réel. Supposons que vous prévoyez vous rendre à votre maison de campagne. Sur la page de gauche, vous dessinez de mémoire le paysage environnant. Une fois sur place, vous dessinez ce même paysage, mais en l'observant. Ce type d'exercice vous aide à comprendre ce que votre mémoire visuelle retient d'un objet et l'importance que vous accordez à certains détails alors que vous en négligez d'autres.

Le dessin d'invention

Il vous permet de laisser libre cours à votre créativité. Un exemple : inventer un beau motif de carrelage de salle de bains. Les quelques exercices proposés dans ce carnet vous permettent de développer votre imagination.

Le dessin de reproduction

Ce type de dessin permet d'exercer vos talents à partir de photographies ou de reproductions de toutes sortes. Contrairement au dessin d'observation fait d'après un objet réel, le dessin de reproduction a pour modèle une image bidimensionnelle. Un exemple d'exercice qui vous est proposé : reproduire un timbre.

Le dessin d'observation

Dans ce carnet, les exercices de dessin d'observation sont les plus nombreux. Ils demandent plus d'efforts, car pour plusieurs d'entre eux, il faudra vous procurer des objets précis. Par exemple : un ananas ou des champignons. Il serait utile de prendre connaissance à l'avance des sujets d'exercice d'observation. Au besoin, ajoutez-les à votre liste d'emplettes ! Certains articles seront peut-être hors saison. Vous n'êtes pas obligé de faire les dessins dans l'ordre où ils sont présentés. Vous avez toute liberté !

Les sujets

APPROPRIEZ-VOUS CE CARNET ET FAITES LES EXERCICES DANS L'ORDRE OU LE DÉSORDRE, COMME BON VOUS SEMBLE ! Encore une fois, il n'y a pas d'ordre croissant de difficulté. Lorsque vous aurez effectué tous les exercices proposés, vous constaterez avec plaisir que vous avez amélioré vos compétences en dessin.

Si vous n'aimez pas dessiner en public, vous pouvez toujours transformer certains dessins d'observation en dessins de reproduction. Promenez-vous avec un appareil-photo et croquez sur le vif vos sujets. Vous dessinerez ainsi à partir de photographies. Internet vous offre aussi une quantité incroyable d'images. Imprimez-les et dessinez à partir des modèles ainsi obtenus. Évidemment, il n'y a rien de comparable à l'objet ou au site véritable. Autant que possible, donnez préséance au réel.

Lorsque vous dessinez une composition, par exemple un groupe de poivrons, il se peut que vous manquiez de temps pour rendre chaque élément avec la même précision. Attardez-vous alors à un seul poivron et esquissez les autres rapidement, en quelques traits.

mannequin de bois

Enfin, un même objet peut être utilisé plusieurs fois. Vous pouvez, par exemple, dessiner l'extérieur d'un melon, puis le couper en deux et en dessiner l'intérieur avec la technique du dessin à l'aveugle... Puis, le savourer !

Certains dessins nécessitent un modèle humain. Demandez aux gens qui vous entourent de poser pour vous. Il y a aussi le classique petit mannequin de bois qui peut vous servir de modèle...

Le matériel

Pour réaliser les dessins de ce carnet, munissez-vous de crayons de graphite de 4H à 6B. Ils proposent une bonne variété de tons de gris. Il arrive souvent que l'utilisation du feutre vous soit suggérée.

dégradé, crayon de graphite

Procurez-vous différents feutres noirs de 0.2 à 0.8 et explorez les possibillités. Profitez des dessins de contrôle pour expérimenter.

IL N'EST PAS INTERDIT D'UTILISER D'AUTRES MOYENS D'EXPRESSION, par exemple : les crayons de couleurs, le fusain, le conté, le pastel sec ou gras et même l'aquarelle... Si l'envie vous prend, n'hésitez pas à essayer. De même, vous pouvez personnaliser votre carnet. Soyez créatif et faites-en un objet unique. N'hésitez pas à le partager avec les gens autour de vous.

Les techniques de dessin

Il y a plusieurs techniques pour aborder un dessin d'observation. Les dessins qui vous sont proposés dans ce carnet sont parfois accompagnés d'une suggestion sur la manière de les traiter. Voici les techniques :

♦ le dessin à l'aveugle

♦ le dessin de contour

♦ les pleins et les vides

♦ le clair-obscur

♦ le dessin spontané

Le dessin à l'aveugle

Installez-vous dans un endroit calme pour y explorer de 20 à 30 minutes. Posez l'objet devant vous et examinez-le en détail. Placez le carnet selon les proportions de l'objet à dessiner.

Si votre sujet est vertical, optez pour la position portrait.

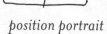

Si votre sujet est horizontal, placez plutôt votre carnet en position paysage.

position portrait

Posez votre crayon de graphite sur le carnet et préparez-vous à commencer par le contour supérieur de l'objet à dessiner en pointant la mine vers le haut de la page. Ensuite, LEVEZ LES YEUX DU CARNET ET NE REGARDEZ QUE

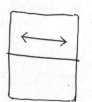

position paysage

L'OBJET À DESSINER. Très lentement, dessinez les détails de l'objet millimètre par millimètre. Le moindre pli, la moindre ride ou fissure, chaque changement de configuration doit être étudié. Puis, entrez par le regard à l'intérieur de l'objet. Au même moment, le crayon sur le papier suit ce trajet et le reproduit « à l'aveugle ». Ainsi, la vision et la main cheminent ensemble détail après détail.

De temps à autre, il est permis de regarder le dessin, d'en profiter pour replacer son crayon et, par la même occasion, de constater depuis combien de minutes on dessine. La technique du dessin à l'aveugle permet de dessiner ce que l'on voit réellement de l'objet, et non ce que l'on en sait. Le résultat n'est peut-être pas spectaculaire, mais il s'agit d'un excellent moyen de se concentrer sur un objet et de mieux comprendre sa structure, sa nature profonde. Cette technique permet aussi d'aborder les études préliminaires d'un sujet donné.

main, à l'aveugle

Le dessin de contour

Ce type de dessin s'apparente au dessin à l'aveugle. Abordez-le de la même manière, à la différence près que vous devez regarder le papier. Le but de cette technique est d'étudier les lignes qui composent l'objet.

Selon les dessins, essayez différents types de mines de crayons de graphite et de pointes de feutre pour varier les traits. Utilisez les mines grasses pour les zones plus sombres et les mines dures pour les petits détails.

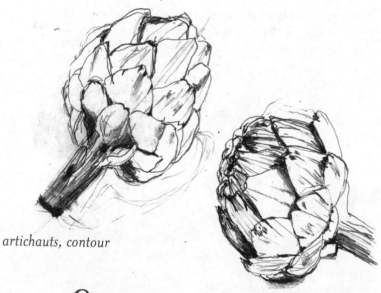

artichauts, contour

Les pleins et les vides

Prenez n'importe quel objet, une chaise par exemple. Cet objet occupe un espace « positif », c'est-à-dire l'espace qu'occupent ses pleins :

dossier, siège, pattes, barreaux, etc. La chaise occupe également un espace qu'on dit « négatif ». C'est l'espace qu'occupent les « vides » qui structurent l'objet. C'est l'espace tout autour de l'objet, mais également les vides qui le constituent. Les espaces entre les barreaux, les pattes et ainsi de suite sont les espaces « négatifs ». De façon intuitive, lorsqu'on aborde un sujet, on commence par ses pleins, car c'est ce qui apparaît au premier coup d'œil. Avec la technique des pleins et des vides, on ne dessine que les vides qui constituent notre objet. Une fois l'espace vide dessiné autour et dans l'objet, votre dessin est terminé. Si vous éprouvez de la difficulté à respecter les proportions ou la perspective, la technique des pleins et des vides vous aidera grandement à améliorer ces aspects de votre dessin.

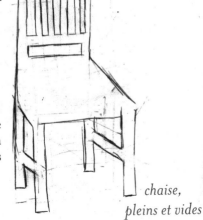

chaise,
pleins et vides

Le clair-obscur

Chaque sujet est défini par la manière dont la lumière le frappe. Ainsi, chaque objet a sa part d'ombre et de lumière. Prenons les exemples de l'aubergine et de la boîte de mouchoirs en papier. Dans le cas de l'aubergine, en l'éclairant suffisamment, on note une zone claire là où la lumière frappe le plus fort, jusqu'à devenir progressivement très sombre là où la lumière ne se rend pas. De plus, on remarque une « ombre portée » de forme arrondie sous l'aubergine. Certains objets offrent un clair-obscur à « arête vive ». C'est le cas des formes cubiques comme la boîte de mouchoirs en papier. On constate que les faces sont soit sombres, soit lumineuses. Il n'y a pas de gradation de la partie lumineuse vers la partie sombre, comme pour l'aubergine et les formes arrondies en général.

aubergine, clair-obscur

Pour traiter les formes organiques (rondes) en clair-obscur, il faut « modeler » son sujet comme si on le façonnait. Avec les crayons de graphite, vous pouvez passer de la zone d'ombre la plus sombre à la zone la plus claire de deux façons. Vous pouvez utiliser graduellement les mines B plus tendres pour les zones foncées, et passer aux mines H plus dures pour les zones plus lumineuses, ou encore prendre un seul crayon de bois, un 4B par exemple, et modeler votre sujet en appuyant de moins en moins fort au fur à mesure que vous approchez de la zone lumineuse. Avec les feutres, l'effet recherché s'obtiendra en faisant des « hachures » très rapprochées

boîte de mouchoirs en papier, clair-obscur

pour les ombres et, progressivement, de moins en moins rapprochées vers les zones lumineuses. Plusieurs exercices de contrôle sont prévus afin de mieux maîtriser la technique du clair-obscur.

dégradé, feutre

Le dessin spontané

Comme pour les autres techniques de dessin, recherchez l'essence du sujet. Ne consacrez que 30 secondes à votre dessin. Allez à l'essentiel. Observez votre sujet pendant un moment, ne restez pas figé sur un détail. Lancez ensuite votre crayon ou votre feutre sur le papier. Votre mouvement doit être fluide et votre geste, ininterrompu. Ne cherchez pas à ce que ce soit parfait. Laissez votre main prendre les rênes. Après 30 secondes, arrêtez... Voilà un dessin gestuel et spontané.

Cette technique de dessin vous sera très utile lorsque vous n'avez que très peu de temps pour faire l'esquisse de votre sujet. Vous pourrez plus tard fignoler votre dessin et y ajouter les détails que vous souhaitez.

tajine,
dessin spontané

Notions supplémentaires

Il y a plusieurs choses à garder en tête lorsqu'on aborde un dessin. Pour certains dessins, il est précisé ce à quoi il faut faire attention. Par exemple :

* les proportions
* la perspective
* le cadrage

Les proportions

Pour conserver les proportions, il convient de relativiser. Par exemple, prenons une nature morte composée de champignons : le champignon à l'avant-plan est deux fois plus petit que celui à l'arrière-plan. Il faut trouver, dans un sujet dessiné, les dimensions relatives. À l'aide de votre crayon, tenu à bout de bras, mesurez les proportions d'un objet. Ainsi, il est plus aisé de les restituer en les dessinant. Les proportions relatives donnent lieu à deux phénomènes observables. D'une part, il y a les objets qui, entre eux, ne sont pas de la même dimension, comme dans l'exemple des champignons. D'autre part, il y a les objets qui sont d'égale dimension entre eux, mais dont la position dans l'espace fait en sorte que nous percevons l'objet près de nous comme étant plus grand que celui qui est éloigné. C'est ce qu'on appelle la perspective.

deux champignons

La perspective

L'étude de la perspective pourrait faire l'objet d'un cours de plusieurs semaines. Ici, il s'agit d'en expliquer brièvement les principes.

Pour bien dessiner en perspective, il faut s'attarder à deux aspects précis d'un objet ou d'une scène : les lignes verticales et les lignes horizontales. Ce qu'on doit essentiellement retenir au

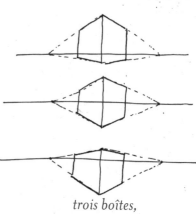

trois boîtes,
perspective à deux points de fuite

sujet des lignes verticales, c'est qu'elles restent toujours verticales quand on les dessine. Les lignes horizontales sont plus capricieuses, car elles suivent ce qu'on appelle un ou plusieurs points de fuite.

Un point de fuite est un point situé sur une ligne dite d'horizon, et cette dernière se trouve toujours au niveau des yeux de l'observateur, c'est-à-dire vos yeux. Assis, debout ou en haut d'un escabeau, le niveau des yeux change, et par conséquent, la position de la ligne d'horizon et les points de fuite qui y convergent font de même. Il y a là trois points de vue d'un même objet ; la différence de perspective dépend de la hauteur des yeux de l'observateur.

Ces exemples illustrent les perspectives à un et à deux points de fuite. La perspective à un point de

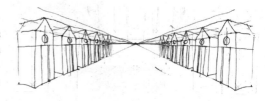

cabines, perspective à un point de fuite

fuite est observable lorsqu'on se trouve au centre d'un lieu. Toutes les lignes horizontales semblent converger vers un seul et même point de fuite centré sur la ligne d'horizon.

Le cadrage

Le cadrage est la façon selon laquelle on choisit de circonscrire son sujet. Un simple cadre fait de deux cartons permet de limiter son sujet afin d'éviter de ratisser trop largement et, par conséquent, de manquer de place sur son papier. Pour ce faire, tenez les cartons devant vos yeux et cadrez la composition de la façon la plus harmonieuse et la plus équilibrée possible. Le cadre ainsi formé représente les proportions du papier à dessin.

paysage aquatique, le cadrage

Le dessin

Le dessin nous rend présents au monde qui nous entoure. Dessiner tous les jours, sans devenir une manière de vivre, est en quelque sorte une rencontre quotidienne avec ce qui nous entoure. Tout est matière à dessin, même les choses les plus banales. Vous en trouverez en quantité comme sujets dans ce carnet. Le banal est ce que les Chinois taoïstes appellent les dix mille choses autour de vous… Une lézarde sur un trottoir ou sur un mur vous captivera sans doute pendant un moment.

lézarde

Le dessin est une façon de vivre le moment présent. Dès l'instant où vous prenez le crayon pour vous appliquer à dessiner, votre attention est tournée vers le sujet de votre dessin. Le dessin est une sorte de quête qui consiste à saisir son sujet dans toute sa singularité.

Pour dessiner des objets, des personnes ou encore des lieux, videz votre esprit et faites abstraction de ce que vous connaissez du sujet pour vous concentrer sur ce qu'il y a vraiment, là, sous vos yeux. Vous dessinerez des objets de votre quotidien, mille fois regardés et manipulés, mais jamais vraiment observés. Vous n'apprendrez rien sur les cailloux en général si vous les dessinez, mais vous apprendrez quelque chose de précis si vous dessinez un caillou en particulier. Celui que vous dessinez deviendra spécial et vous livrera ses secrets. À la fin de votre dessin, il aura un visage. Vous saurez tout sur ce caillou : ses stries, sa surface, sa forme, sa couleur, l'ombre qu'il projette et ainsi de suite. Bref, vous connaîtrez ce caillou ! Il en sera ainsi de tous les objets, de tous les lieux et de toutes les personnes que vous dessinerez.

Par le dessin, vous serez plus présent au monde en découvrant la structure et la nature profonde des choses. Ainsi, le monde qui vous entoure vous apparaîtra tout à coup bien différent, bien nouveau. Dessiner, c'est apprendre, c'est aller à la rencontre d'une foule de détails qui font la vie. Dessiner, c'est reconnaître à un objet banal ou à un visage la multitude de détails qui les composent et qui en font des sujets uniques... pour vous. Oubliez ce que vous savez du monde ; concentrez-vous sur ce que vous voyez vraiment, et votre main fera le reste. Le regard d'abord, la main ensuite. À partir de maintenant, vous irez à la rencontre des mille choses qui vous entourent et de leur merveilleuse complexité.

Ce carnet est conçu pour être personnalisé par vos dessins. Nul autre que vous n'aura un carnet semblable.

Afin de pousser l'expérience du dessin encore plus loin et de l'enrichir, nous vous invitons à visiter le blogue suivant : carnetnoircir.com. Vous pourrez y publier des dessins, poser des questions, lire les dernières rubriques ou tout simplement admirer les œuvres et les carnets uniques des autres.

Mes dessins

Un grain de café

Dessin d'observation au crayon de graphite.
Dessiner un seul grain de café sur toute
la surface de la page.

Dessin d'observation au crayon de graphite.
Technique du clair-obscur.
Éclairer suffisamment les oranges.

Le dégradé circulaire

Dessin de contrôle au crayon de graphite.
Reproduire le dégradé ci-dessous
à l'intérieur du cercle.

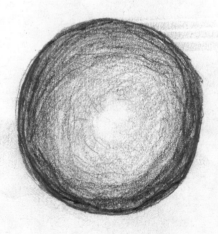

Dessin de contrôle au crayon de graphite.
Reproduire à plus grande échelle le dégradé
de la page de gauche.

Une aubergine

Dessin de mémoire au crayon de graphite.

Dessin d'observation au crayon de graphite.
Technique du clair-obscur.
Éclairer suffisamment l'aubergine.
Étudier l'ombre projetée.

Dessin d'observation au crayon de graphite.
Technique au choix.
Ajouter un peu de couleur.

Dessin d'observation au crayon de graphite.
Technique au choix.

Un motif de carrelage

Dessin d'observation au feutre.
Technique au choix.

Mon lit défait

Dessin d'observation au crayon de graphite.
Technique du clair-obscur.
Étudier les plis et les replis des tissus.

Dessin de contrôle au crayon de graphite.
Reproduire le dessin d'un corps en respectant les proportions.
Le corps humain est divisé en 7 parties égales.

7

6

5

4

3

2

I

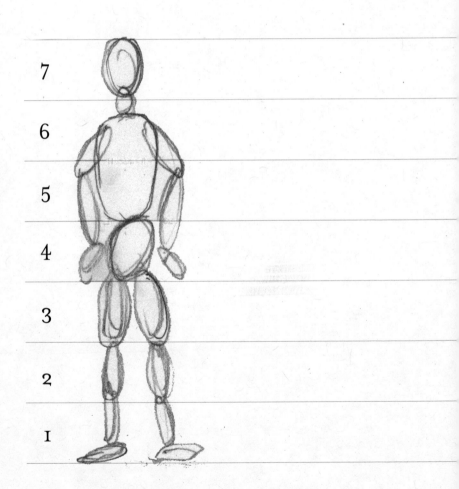

Dessin de contrôle au crayon de graphite.
Refaire deux fois l'exercice de la page de gauche.

7

6

5

4

3

2

I

Un ananas, l'extérieur

Dessin d'observation au feutre.
Technique du dessin de contour.
Bien observer les textures de l'objet.

Dessin d'observation au crayon de graphite.
Technique du dessin à l'aveugle.

Dessin d'observation.
Matériel et technique au choix.
S'attarder à un détail et esquisser rapidement le reste.

Dessin d'observation.
Matériel et technique au choix.

Ma main

Dessin d'observation au crayon de graphite.
Technique du dessin à l'aveugle.

Ma main 2

Dessin d'observation, matériel au choix.
Technique du dessin de contour.

Les lignes verticales

Dessin de contrôle au crayon de graphite.
Dessiner des lignes verticales les plus droites possible,
à égale distance.

Les lignes verticales

Dessin de contrôle au feutre fin.
Refaire l'exercice de la page précédente.
Faire des lignes verticales plus longues.

Mon pied

Dessin d'observation au crayon de graphite.
Technique du dessin à l'aveugle.

Dessin d'observation.
Matériel et technique au choix.

Une texture de bois

Dessin d'observation au crayon de graphite.
Technique au choix.
Rechercher une texture de bois riche.

Dessin d'observation au crayon de graphite.
Technique au choix.

Une chaise

Dessin d'observation au crayon de graphite.
Technique des pleins et des vides.

Dessin de reproduction au crayon de graphite.

Les lignes horizontales

Dessin de contrôle au crayon de graphite.
Dessiner des lignes horizontales les plus droites possible,
à égale distance.

Dessin de contrôle au feutre fin.
Refaire l'exercice de la page précédente.
Faire des lignes horizontales plus longues.
Placer le carnet en position paysage.

Une pomme coupée en deux

Dessin d'observation au feutre.
Technique du dessin de contour.

Dessin de reproduction au crayon de graphite.

Dessin d'observation au feutre.
Technique du clair-obscur.
Éclairer suffisamment la composition.

Dessin de mémoire, matériel au choix.

Une petite abstraction

Dessin de contrôle au feutre.
Reproduire ce petit dessin abstrait dans le carré.

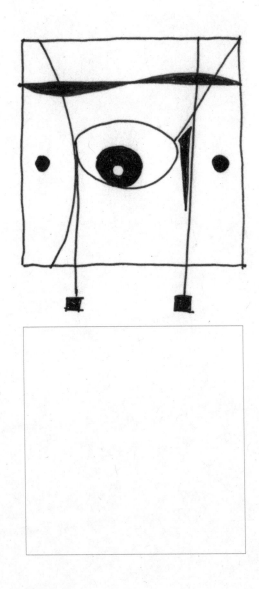

Dessin de contrôle au feutre.
Reproduire à plus grande échelle le dessin
de la page de gauche.

Un melon, l'extérieur

Dessin d'observation au crayon de graphite.
Technique au choix.
Bien noter les textures afin de rendre leur richesse.

Dessin d'observation au crayon de graphite.
Technique du dessin à l'aveugle.

Une scène urbaine

Dessin d'observation.
Matériel et technique au choix.

Dessin d'observation.
Matériel et technique au choix.

Une personne de plein-pied

Dessin d'observation, matériel au choix.
Technique du dessin spontané.
Au besoin, utiliser un petit mannequin de bois.

Dessin de reproduction, matériel au choix.

Dessin de contrôle au crayon de graphite.
Reproduire la spirale ci-dessous.

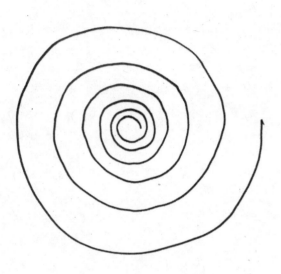

Dessin de contrôle au crayon de graphite.
Reproduire à plus grande échelle la spirale de la page de gauche.

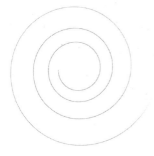

Un pont

Dessin de mémoire, matériel au choix.

essin d'observation, matériel au choix.
echnique des pleins et des vides.

Une maison

Dessin d'observation au feutre.
Technique au choix.
Attention aux proportions relatives des éléments.

Dessin d'observation au crayon de graphite.
Technique du clair-obscur.

Dessin d'observation au crayon de graphite.
Technique des pleins et des vides.

Dessin de reproduction au feutre.

Une boîte de mouchoirs en papier

Dessin d'observation au crayon de graphite.
Technique du clair-obscur.
Bien observer les arêtes vives et les ombres.

Dessin d'observation au feutre.
Technique au choix.

Dessin de contrôle au crayon de graphite.
Reproduire la forme du labyrinthe ci-dessous.

Dessin de contrôle au crayon de graphite.
Reproduire à plus grande échelle la forme
du labyrinthe de la page de gauche.

Dessin d'observation.
Matériel et technique au choix.

Dessin d'observation au crayon de graphite.
Technique au choix.

Dessin d'observation au feutre.
Technique du dessin de contour.

Dessin d'observation au crayon de graphite.
Technique au choix.

Les lignes guide

Dessin de contrôle au crayon de graphite.
Tracer des ronds à l'aide des lignes guide.

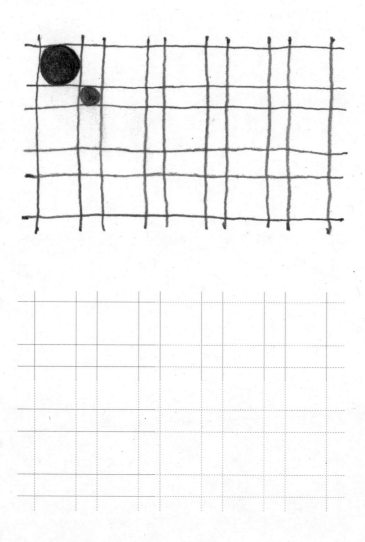

Dessin de contrôle au crayon de graphite.
Reproduire deux fois les lignes guide et le tracé des ronds
de la page de gauche.

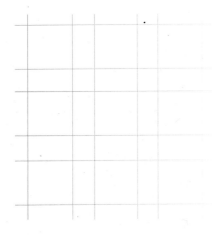

Un escalier

Dessin d'observation.
Matériel et technique au choix

Dessin d'imagination au crayon de graphite.

Dessin d'observation au crayon de graphite.
Technique du clair-obscur.
Étudier les ombres projetées.

Dessin à l'aveugle au crayon de graphite.

Un arbre

Dessin d'observation au feutre.
Technique au choix.

Dessin de reproduction, matériel au choix.

Dessin de contrôle au crayon de graphite.
Faire des lignes guide horizontales les plus droites possible en
respectant la diminution constante des carrés.

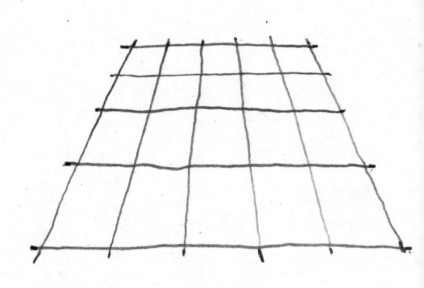

Dessin de contrôle au crayon de graphite.
Reproduire à plus grande échelle le dessin de perspective
de la page gauche, avec plus de carreaux et en un seul dessin.

Dessin d'observation au crayon de graphite.
Technique au choix.

Dessin d'observation au crayon de graphite.
Technique au choix.
Ajouter un peu de couleur.

Une soucoupe volante

Dessin d'imagination au feutre.

Dessin d'observation, matériel au choix.
Technique des pleins et des vides.

Un tissu soyeux

Dessin d'observation au crayon de graphite.
Technique du clair-obscur.
Éclairer suffisamment le tissu.

Dessin de reproduction au crayon de graphite.

Dessin de contrôle au crayon de graphite.
Reproduire le dégradé ci-dessous à l'intérieur
des lignes guide.

Dessin de contrôle au crayon de graphite.
Reproduire deux fois le dégradé de la page de gauche.

Dessin d'observation au feutre.
Technique du dessin spontané.

Dessin d'observation.
Matériel et technique au choix.

Dessin d'observation au crayon de graphite.
Technique au choix.

Dessin d'observation au crayon de graphite.
Technique du dessin à l'aveugle.

Un papier d'emballage cadeau

Dessin de reproduction, matériel au choix.

Dessin d'observation au crayon de graphite.
Technique au choix.

Le cylindre

Dessin de contrôle au feutre.
Pratiquer le hachurage.

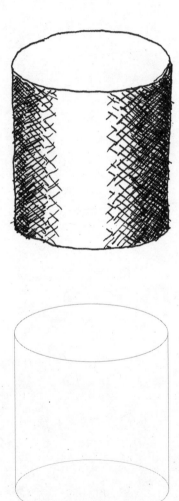

Dessin de contrôle au feutre.
Refaire à plus grande échelle l'exercice de la page de gauche.

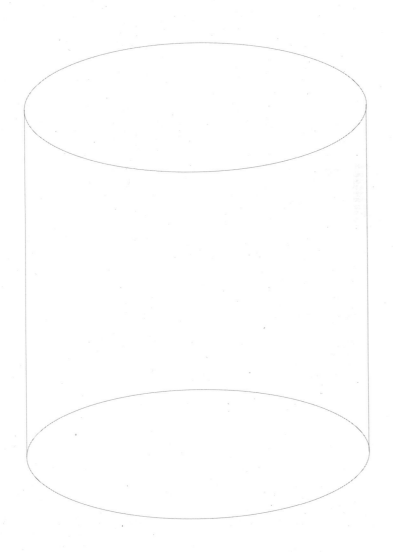

Dessin d'observation.
Matériel et technique au choix.

Dessin d'observation au crayon de graphite.
Technique des pleins et des vides.

Dessin de reproduction, matériel au choix.

Dessin d'observation au crayon de graphite.
Technique au choix.
Ajouter un peu de couleur.

Dessin d'observation.
Matériel et technique au choix.

Dessin d'observation, matériel au choix.
Technique des pleins et des vides.

Les arcs

Dessin de contrôle au crayon de graphite.
Dessiner des arcs à égale distance.

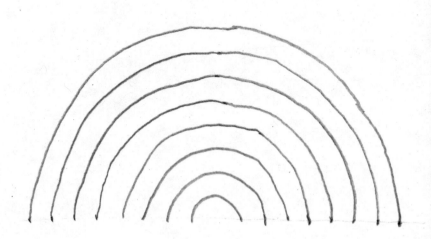

Dessin de contrôle au crayon de graphite.
Refaire l'exercice de la page de gauche.
Placer le carnet en position paysage.

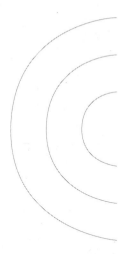

Dessin d'observation au crayon de graphite.
Technique au choix.

Dessin d'observation au crayon de graphite.
Technique au choix.

Un vêtement

Dessin d'observation.
Matériel et technique au choix.

Dessin d'observation, matériel au choix.
Technique des pleins et des vides.

Dessin d'observation au crayon de graphite.
Technique au choix.

Dessin d'observation au crayon de graphite.
Technique au choix.
Attention à la perspective.

Dessin de contrôle au crayon de graphite.
Dessiner les ronds à égale distance.

Dessin de contrôle au crayon de graphite.
Refaire l'exercice de la page de gauche.

Dessin d'observation au crayon de graphite.
Technique au choix.
Attention à la perspective.

Dessin d'observation au crayon de graphite.
Technique au choix.

Dessin de reproduction, matériel au choix

Dessin d'observation au crayon de graphite.
Technique au choix.

Dessin de mémoire au crayon de graphite.

Dessin d'observation au crayon de graphite.
Technique au choix.

La table à la fin du petit déjeuner

Dessin d'observation au feutre.
Technique au choix.

L'auteure

Manon Lévesque vit et travaille à Montréal. C'est dans cette ville qu'elle a fondé, en 2011, son école d'art, *Les ateliers C*. Elle détient un baccalauréat en architecture et une maîtrise en arts visuels. Elle a tour à tour enseigné les arts graphiques et le multimédia et a agi à titre de directrice artistique pour plusieurs entreprises québécoises.

Elle tient, depuis toujours, des carnets personnels pour dessiner, écrire, aquareller, faire des listes, coller, noter, observer, explorer et documenter la vie. C'est ce qu'elle vous propose dans ce carnet. N'hésitez pas à le personnaliser.

Les ateliers C sont des espaces de création en arts visuels ouverts à tous. On peut y suivre des cours de dessin, d'aquarelle, de collage, de peinture et de dessin japonais manga.

Visitez le site des ateliers C au :
les-ateliers-c.com

Participez au blogue de l'auteure au :
carnetnoircir.com

Publiez vos dessins, posez des questions, lisez ses dernières rubriques ou admirez les œuvres des autres. Vous pourrez aussi y visionnez de courts vidéos explicatifs sur les différentes techniques de dessin présentées dans ce carnet.

Sgräff

À l'origine de Sgräff, il y a le sgraffite, de l'italien *sgraffito*, littéralement «griffé».

Spécifique aux arts décoratifs, le sgraffite a aussi bien été utilisé pour ornementer un mur que pour détailler un cadran solaire ou enjoliver une poterie. De Byzance à Corinthe, les artisans musulmans et chrétiens se sont influencés les uns les autres dès le XIe siècle et ont répandu leurs techniques au-delà du bassin méditerranéen. Particulièrement présent à la Renaissance (XIIe et XIIIe siècles) et à la période Art nouveau (fin XIXe et début XXe siècles), artistes et créateurs le pratiquent toujours.

Le sgraffite tient à la superposition de couches d'enduits (argile, engobe, glaçure, ou encore plâtre pigmenté, mortier, chaux) dont au moins deux seront colorés. Selon son dessin, l'artisan les incisera à l'aide de grattoirs et de ciseaux, de sorte à faire apparaître différentes couleurs.

C'est dans ce même esprit que Sgräff s'engage, depuis sa création et dans tous ses produits, à révéler votre couleur.

Achevé d'imprimer le 28 juillet 2011,
sur les presses de Friesens,
Altona, Canada